Darauf hat die Männerwelt lange warten müssen, doch nun ist es endlich so weit! Das erste Häkelmützenbuch nur für Männer ist da!

Egal, ob Sie nun selbst häkeln oder lieber häkeln lassen – in diesem Buch findet Jeder-Mann die passende Beanie. Vom Casual Look bis hin zu ausgefallenen Modellen mit kräftigen Farben – auf den folgenden Seiten habe ich für Sie die stylischsten Männermodelle zusammengestellt.

Mal superschnell und einfach, mal etwas aufwendiger – sowohl Anfänger als auch Profis kommen voll auf ihre Kosten. Grundanleitungen zu den wichtigsten Techniken erleichtern Ihnen das Nacharbeiten garantiert.

Ich wünsche Ihnen viel Spaß!

Tanja Steinbach

Blue Lines

Flechtmuster mit starkem Effekt

Halbe Reliefstäbchen hinten (halbe Relief-Stb hinten)

In Rd halbe Relief-Stb hinten arb, dabei für jede M die Häkelnd von hinten um den Hals der M der Vor-Rd führen und ein hStb wie gewohnt häkeln. Der M-Kopf der Vor-Rd „kippt" dabei nach vorne und erscheint für das Muster typisch als „V".

Halbe Reliefstäbchen vorne (halbe Relief-Stb vorne)

In Rd halbe Relief-Stb vorne arb, dabei für jede M die Häkelnd von vorne um den Hals der M der Vor-Rd führen und ein hStb wie gewohnt häkeln (siehe auch „So wird's gemacht", „Reliefstäbchen vorne").

Relief-Flechtmuster

In Rd häkeln. M-Zahl teilbar durch 8. 4 halbe Relief-Stb vorne und 4 halbe Relief-Stb hinten im Wechsel häkeln, dabei das Muster nach jeweils 2 Rd versetzen.

Maschen verdoppeln

2 M in 1 Einstichstelle arb (siehe „So wird's gemacht").

Anleitung

Hinweis: Jede Rd mit 2 Anfangs-Lm beginnen und mit 1 Km schließen, die Anfangs-Lm werden dabei nicht zum Muster gezählt!

Die Mütze wird von oben nach unten gehäkelt. Dafür einen Anfangsring bilden (siehe „So wird's gemacht") und wie folgt weiterarb:

1. Rd: 12 hStb in den Ring häkeln.

2. Rd: Jede M der Vor-Rd verdoppeln (= 24 hStb).

Nun mit den Vorbereitungs-Rd für das Relief-Flechtmuster beginnen:

3. Rd: Jede 2. M der Vor-Rd wird verdoppelt. * 1 halbes Relief-Stb hinten häkeln, dann die nächste M verdoppeln und 2 halbe Relief-Stb vorne nacheinander um die gleiche M der Vor-Rd häkeln, ab * fortlaufend wdh (= 36 M).

4. Rd: Ohne Zunahmen. * 1 halbes Relief-Stb hinten, 2 halbe Relief-Stb vorne häkeln, ab * fortlaufend wdh (= 36 M).

5. Rd: Das Muster wird versetzt und es werden 12 M verdoppelt. * 2 halbe Relief-Stb vorne nacheinander um die gleiche M der Vor-Rd häkeln, 2 halbe Relief-Stb hinten, ab * fortlaufend wdh (= 48 M).

6. Rd: Jede 2. M der Vor-Rd wird verdoppelt. * 1 halbes Relief-Stb vorne häkeln, 2 halbe Relief-Stb vorne nacheinander um die gleiche M der Vor-Rd häkeln, 1 halbes Relief-Stb hinten, 2 halbe Relief-Stb hinten nacheinander um die gleiche M der Vor-Rd häkeln, ab * fortlaufend wdh (= 72 M).

7. Rd: Das Muster wird versetzt und jede 3. M der Vor-Rd verdoppelt. * 2 halbe Relief-Stb hinten, 2 halbe Relief-Stb hinten nacheinander um die gleiche M der Vor-Rd häkeln, 2 halbe Relief-Stb vorne häkeln, 2 halbe Relief-Stb vorne nacheinander um die gleiche M der Vor-Rd häkeln, ab * fortlaufend wdh (= 96 M).

Nun ohne Zunahmen im Relief-Flechtmuster weiterarb:

8. Rd: * 4 halbe Relief-Stb hinten, 4 halbe Relief-Stb vorne, ab * fortlaufend wdh.

9.+10. Rd: Das wird Muster versetzt. * 4 halbe Relief-Stb vorne, 4 halbe Relief-Stb hinten arb, ab * fortlaufend wdh.

11.-12. Rd: Das Muster wird versetzt. * 4 halbe Relief-Stb hinten, 4 halbe Relief-Stb vorne, ab * fortlaufend wdh. Die 9. bis 12. Rd fortlaufend wdh, bis eine Mützenhöhe von ca. 24-25 cm ab Mützenspitze gemessen erreicht ist. Dann nach einer 10. oder 12. Rd des Musters für das Mützenbündchen 3 Rd Relief-fM von hinten häkeln, für jede Relief-fM immer von hinten um den M-Hals der M der Vor-Rd einstechen und 1 fM häkeln. Jede Bündchenrunde mit 1 Lm beginnen und mit 1 Km schließen.

Fertigstellen

Nach der letzten M den Faden abschneiden und durch die letzte M ziehen, alle Fäden vernähen.

GRÖSSE
Kopfumfang 56-60 cm
Mützenumfang
50-52 cm
Mützenhöhe 26-27 cm

MATERIAL
* Schachenmayr original Merino Extrafine 120 (LL 120 m/50 g) in Enzian (Fb 153), 150 g
* Häkelnadel 4,0-5,0 mm

MASCHENPROBE
Mit Nd 4,0-5,0 mm
im Relief-Flechtmuster
ca. 18-19 M und 13 Rd
= 10 cm x 10 cm

Orange Vibes

auffallend dank reflektierendem Garn

GRÖSSE

Kopfumfang 56-60 cm
Mützenumfang 54 cm
Mützenhöhe 24 cm

MATERIAL

* Schachenmayr original Lumio Fine (LL 90 m/100 g) in Neon Koralle (Fb 136), 100 g
* Häkelnadel 8,0 mm

MASCHENPROBE

Mit Nd 8,0 mm im Häkelperlmuster 7-8 M und 7 Rd = 10 cm x 10 cm

Häkelperlmuster

In Hin- und Rückr je 1 fM und 1 Stb im Wechsel häkeln. Dabei das Muster in jeder R versetzen, d. h., in der Folge-R wird 1 fM in jedes Stb der Vor-R und 1 Stb in jede fM der Vor-R gehäkelt. In der 3., 5. und 6. R dem Muster entsprechend M wie beschrieben zunehmen. Sofern nicht anders beschrieben jede R mit 1 Lm beginnen, diese M wird nicht mit zum Muster gezählt.

Maschen verdoppeln

2 M in 1 Einstichstelle arb (siehe „So wird's gemacht").

Anleitung

Hinweis: Beim Häkeln in Rd jede Rd mit 2 Lm beginnen und mit 1 Km schließen. Die Anfangs-Lm ersetzen die 1. Masche des jeweiligen Musters!

Die Mütze wird von oben nach unten gehäkelt. Dafür einen Anfangsring bilden (siehe „So wird's gemacht") und wie folgt weiterarb:
1. Rd: 9 hStb in den Ring häkeln.
2. Rd: Jede M der Vor-Rd verdoppeln (= 18 hStb).
Nun in R im Häkelperlmuster arb (Tipp beachten!)
3. R: 1 Lm, * 1 fM, [1 Stb, 1 fM] in die nächste M, 1 Stb, [1 fM, 1 Stb] in die nächste M, ab * fortlaufend wdh, enden mit 1 fM, [1 Stb, 1 fM] in die letzte M (= 27 M).
4. R: Ohne Zunahmen im Grundmuster arb, dabei mit 3 Lm (= Ersatz für das 1. Stb) beginnen, diese ersetzen das 1. Stb, dann 1 fM in jedes Stb der Vor-R und 1 Stb in jede fM der Vor-R (= 27 M).
5. R: 1 Lm, * 2x [1 fM, 1 Stb], 1 fM, [1 fM, 1 Stb, 1 fM] in die nächste M häkeln, ab * fortlaufend wdh, enden mit 1 fM, 1 Stb, [1 fM, 1 Stb] in die letzte M (= 36 M).
6. R: 1 Lm, * 5x [1 fM, 1 Stb], 1 fM, [1 Stb, 1 fM, 1 Stb] in die nächste M häkeln, ab * fortlaufend wdh (= 42 M).
Nun ohne Zunahmen im Häkelperlmuster weiterarb, dabei in jeder R das Muster wie beschrieben versetzen.
Wenn die Mützenhöhe von ca. 20-21 cm ab Mützenspitze gemessen erreicht ist, für das Mützenbündchen 1 fM in jede M der Vor-R häkeln (= 42 fM).

Fertigstellen

Noch 2 R fM häkeln, nach der letzten M den Faden abschneiden und durch die letzte M ziehen. Die hintere Mützennaht schließen. Alle Fäden vernähen.

Mein Tipp für Sie

Ohne Naht Das Muster hat einen eigenen Charakter, der nur in R gehäkelt erzielt wird. Wenn Sie die Naht vermeiden möchten, schließen Sie jede angegebene Reihe mit 1 Kettmasche zur Runde, wenden dann jedoch die Mütze und häkeln die Folgereihe bzw. -runde wie beschrieben von innen. Diese hin- und hergehenden Runden im Wechsel einmal von innen und von außen häkeln!

Casual Grey

für jeden Tag

GRÖSSE
Kopfumfang 56-60 cm
Mützenumfang 54 cm
Mützenhöhe 28 cm

MATERIAL

* Rowan Felted Tweed Aran (LL 87 m/50 g) in Soot (Fb 729) und Dusty (Fb 728), je 50 g
* Häkelnadel 6,0 mm

MASCHENPROBE
Mit Nd 6,0 mm
im feinen Tweedmuster
13 M und 13 Rd
= 10 cm x 10 cm

Feines Tweedmuster

In Rd je 1 fM und 1 Lm im Wechsel häkeln. Dabei das Muster in jeder Rd versetzen, d. h. die fM um die Lm der Vor-Rd häkeln, die fM der Vor-Rd mit jeweils 1 Lm übergehen. In der 2., 5., 7. und 10. Rd wie beschrieben M zunehmen, dabei das Muster entsprechend erweitern. Nach der 4. Rd in jeder Rd die Fb wechseln, siehe Anleitung.

Anleitung

Hinweis: Jede Rd mit 1 Lm beginnen und mit 1 Km schließen. Die Anfangs-Lm wird dabei nicht zum feinen Tweedmuster gezählt! Vor dem Fb-Wechsel die Km schon in der Fb der Folge-Rd arb, damit ein perfekter Fb-Übergang entsteht.

Die Mütze wird von oben nach unten gehäkelt. Dafür in Soot einen Anfangsring bilden (siehe „So wird's gemacht“) und wie folgt weiterarb:
1. Rd (Soot): 7x [1 Lm, 1 fM im Wechsel] in den Ring häkeln (= 14 M).
2. Rd (Soot): [1 fM, 1 Lm, 1 fM] in jeden Lm-Zwischenraum der Vor-Rd häkeln, mit 1 Lm die fM der Vor-Rd übergehen (= 28 M = 14 fM und 14 Lm).
3. Rd (Soot): Ohne Zunahmen im feinen Tweedmuster häkeln, jede fM der Vor-Rd mit 1 Lm übergehen, 1 fM um jede Lm der Vor-Rd häkeln.
4. Rd (Soot): * 1 fM in den folgenden Lm-Zwischenraum der Vor-Rd, mit 1 Lm die fM der Vor-Rd übergehen, [1 fM, 1 Lm, 1 fM] in den nächsten Lm-Zwischenraum der Vor-Rd häkeln, mit 1 Lm die fM der Vor-Rd übergehen, ab * fortlaufend wdh (= 42 M = 21 fM und 21 Lm).
5. Rd (Dusty): Wie die 3. Rd arb.
6. Rd (Soot): * 2 x [1 fM in den folgenden Lm-Zwischenraum der Vor-Rd, mit 1 Lm die fM der Vor-Rd übergehen], [1 fM, 1 Lm, 1 fM] in den nächsten Lm-Zwischenraum der Vor-Rd häkeln, mit 1 Lm die fM der Vor-Rd übergehen, ab * fortlaufend wdh (= 56 M = 28 fM und 28 Lm).
7. Rd (Dusty): Wie die 3. Rd arb.
8. Rd (Soot): Wie die 3. Rd arb, das Muster dabei versetzen.
9. Rd (Dusty): Wie die 3. Rd arb.
10. Rd (Soot): * 3 x [1 fM in den folgenden Lm-Zwischenraum der Vor-Rd, mit 1 Lm die fM der Vor-Rd übergehen], [1 fM, 1 Lm, 1 fM] in den nächsten Lm-Zwischenraum der Vor-Rd häkeln, mit 1 Lm die fM der Vor-Rd übergehen, ab * fortlaufend wdh (= 70 M = 35 fM
Ohne Zunahmen im feinen Tweedmuster weiterarb, dabei das Muster wie beschrieben in jeder Rd versetzen und die Fb in jeder Rd wechseln. In ca. 25 cm Mützenhöhe, nach einer Rd in Dusty, das Mützenbündchen arb.

Fertigstellen

Für das Mützenbündchen in Soot 1 fM in jede fM und Lm der Vor-Rd häkeln (= 70 fM). Dann noch je 1 Rd fM in Dusty und in Soot häkeln, dabei für jede M immer nur in das hintere M-Glied der Vor-Rd einstechen. Zum Abschluss die Mütze wenden und in Soot 1 Rd fM in jede M der Vor-Rd häkeln. Faden abschneiden, durch die letzte M ziehen, alle Fäden vernähen.

Colour up

Kästchenmuster in leuchtenden Farben

Maschen verdoppeln

2 M in 1 Einstichstelle arb (siehe „So wird's gemacht").

Kästchenmuster (ab der 8. Rd)

In Rd häkeln. M-Zahl teilbar durch 6. 3x 1 tiefer gestochenes Stb in die entsprechende M der vorletzten Rd und 3 Lm im Wechsel häkeln, mit den 3 Lm 3 M der Vor-Rd übergehen. Dabei in jeder Rd das Muster versetzen und die Fb wechseln, d. h., die tiefer gestochenen Stb werden in die Stb der vorletzten Rd gehäkelt und dabei wird um die Lm der Vor-Rd herumgehäkelt. Jede Rd wie in der Anleitung beschrieben mit Anfangs-Lm beginnen, die Anfangs-Lm werden dabei nicht zum Grundmuster gezählt! Jede Rd mit 1 Km schließen.

Tiefer gestochenes Stäbchen

In die entsprechende M der vorletzten Rd einstechen und 1 Stb wie üblich häkeln. Die M der dazwischenliegenden Rd werden dabei mit dem Stb umhäkelt (siehe auch „So wird's gemacht").

Farbwechsel

Nach der 3. Rd wird in jeder Rd die Fb gewechselt, die Fb-Folge ab der 4. Rd ist wie folgt: * je 1 Rd Aqua, 1 Rd Brillantweiß, 1 Rd Quitte, 1 Rd Neon Orange, ab * fortlaufend wdh.

Vor dem Fb-Wechsel die Km schon in der Fb der Folge-Rd arb, damit ein perfekter Fb-Übergang entsteht.

Anleitung

Hinweis: In der 1.-3. Rd jede Rd mit 2 Anfangs-Lm beginnen, diese ersetzen das 1. hStb, die Rd mit 1 Km schließen.

Die Mütze wird von oben nach unten gehäkelt. Dafür in Neon Orange einen Anfangsring bilden (siehe „So wird's gemacht"), dann wie folgt weiterarb:

1. Rd (Neon Orange): 12 hStb in den Ring häkeln.

2. Rd (Neon Orange): Jede M der Vor-Rd verdoppeln (= 24 hStb).

3. Rd (Neon Orange): Ohne Zunahmen arb (= 24 hStb).

4. Rd (Aqua): 3 Lm, * 1 Stb, die nächste M verdoppeln, dafür 2 Stb in 1 Einstichstelle arb, 2 Lm, damit 1 M der Vor-Rd übergehen, ab * fortlaufend wdh (= 40 M).

5. Rd (Brillantweiß): 1 Lm, * 3 Lm, damit 3 Stb der Vor-Rd übergehen, 2 tiefer gestochene Stb in 1 Einstichstelle der **3. Rd** häkeln, ab * fortlaufen wdh (= 40 M).

6. Rd (Quitte): 2 Lm, * 3x 1 tiefergestochenes Stb (jeweils in das entsprechende Stb der 4. Rd, dabei um die Lm der Vor-Rd herumhäkeln), 2 Lm, damit 2 Stb der Vor-Rd übergehen, ab * fortlaufend wdh (= 40 M).

7. Rd (Neon Orange): 1 Lm, * 3 Lm, damit 3 Stb der Vor-Rd übergehen, 1 tiefer gestochenes Stb, dann 2 tiefer gestochene Stb in 1 Einstichstelle der 5. Rd, ab * fortlaufend wdh (= 48 M).

Ohne Zunahmen im Kästchenmuster wie folgt weiterarb:

8. Rd (Aqua): 2 Lm, * 3x 1 tiefer gestochenes Stb häkeln, dann 3 Lm, damit 3 Stb der Vor-Rd übergehen, ab * fortlaufend wdh.

9. Rd (Brillantweiß): 1 Lm, * 3 Lm, damit 3 Stb der Vor-Rd übergehen, 3x 1 tiefer gestochenes Stb häkeln, ab * fortlaufend wdh.

10.-19. Rd: Die 8. und 9. Rd fortlaufend wdh, dabei die Farbfolge wie angegeben fortsetzen.

Nach der **19. Rd** (in Neon Orange) wie folgt weiterarb:

20. Rd (Aqua): 2 Lm, * 3x 1 tiefer gestochene Stb, dann 3x 1 fM in die entsprechenden Stb der Vor-Rd häkeln, ab * fortlaufend wdh.

21. Rd (Aqua): 1 fM in jede M der Vor-Rd häkeln.

22. Rd (Aqua): 1 fM in jede M der Vor-Rd häkeln.

23. Rd (Quitte): Die Mütze wenden und 1 Rd 1 fM in jede M der Vor-Rd häkeln.

Hinweis: Besonders schön wird die Abschluss-Rd, wenn diese mit einer kleineren Nd-Stärke gearbeitet wird!

Fertigstellen

Faden abschneiden, durch die letzte M ziehen, alle Fäden vernähen. Den Pompon auf die Mützenspitze nähen.

GRÖSSE
Kopfumfang 56-60 cm
Mützenumfang
53-54 cm
Mützenhöhe 27 cm

MATERIAL
* Schachenmayr original Boston (LL 55 m/50 g) in Neon Orange (Fb 122), Aqua (Fb 164) Quitte, (Fb 123) und Brillantweiß (Fb 101), je 50 g
* Schachenmayr original Pompon in Neon Orange (Fb 25)
* Häkelnadel 8,0 mm

MASCHENPROBE
Mit Nd 8,0 mm
im Kästchenmuster
9 M und 8 Rd
= 10 cm x 10 cm

Alles auf Grün

Zopfmuster auf andere Art

GRÖSSE
Kopfumfang 56-60 cm
Mützenumfang 53-54 cm
Mützenhöhe 28 cm

MATERIAL
* Schachenmayr original Boston (LL 55 m/50 g) in Grasgrün (Fb 172), 150 g
* Häkelnadel 8,0 mm

MASCHENPROBE
Mit Nd 8,0 mm im Relief-Zopfmuster 9 M und 7 Rd = 10 cm x 10 cm

Doppeltes Reliefstäbchen vorne (doppeltes Relief-Stb vorne)

Siehe „So wird's gemacht".

4 doppelte Reliefstäbchen vorne kreuzen

Dafür die nächsten 4 M in umgekehrter Reihenfolge abhäkeln: Das 1. doppelte Relief-Stb vorne wird um die 3. M der vorletzten Rd gehäkelt, das 2. doppelte Relief-Stb vorne um die 4. M. Dann die nächsten beiden doppelten Relief-Stb vorne nacheinander um die 1. und 2. M der vorletzten Rd häkeln.

Relief-Zopfmuster

In Rd häkeln. M-Zahl teilbar durch 6.
Die 1.-6. Rd 1x wie in der Anleitung angegeben häkeln.
7. Rd: In jede M 1 hStb häkeln.
8. Rd: * 1 hStb, 4 doppelte Relief-Stb vorne kreuzen, 1 hStb, ab * fortlaufend wdh.
Die 7. und 8. Rd fortlaufend wdh.

Maschen verdoppeln

2 M in 1 Einstichstelle arb (siehe „So wird's gemacht").

Anleitung

Hinweis: Jede Rd mit 2 Anfangs-Lm beginnen und mit 1 Km schließen. Die Anfangs-Lm ersetzen dabei das 1. hStb!

Die Mütze wird von oben nach unten gehäkelt. Dafür einen Anfangsring bilden (siehe „So wird's gemacht"), dann wie folgt weiterarb.
1. Rd: 8 hStb in den Ring häkeln.
2. Rd: Jede M der Vor-Rd verdoppeln (= 16 hStb).
3. Rd: Jede 2. M verdoppeln (= 24 hStb).
4. Rd: * 1 hStb, die nächste M verdoppeln, dafür 2 doppelte Relief-Stb vorne um das entsprechende hStb der vorletzten Rd (2. Rd) häkeln, 1 hStb, ab * fortlaufend wdh (= 32 M).
5. Rd: In jede M der Vor-Rd 1 hStb häkeln (= 32 hStb).
6. Rd: * 1 hStb, 2x die nächste M verdoppeln, dafür nacheinander 2 doppelte Relief-Stb vorne um das entsprechende doppelte Relief-Stb der vorletzten (4. Rd) häkeln, 1 hStb, ab * fortlaufend wdh (= 48 M).
Nun ohne Zunahmen im Relief-Zopfmuster wie angegeben weiterarb, dafür die 7. und 8. Rd fortlaufend wdh, die doppelten Relief-Stb werden bei der ersten 8. Rd um die doppelten Relief-Stb der Vorbereitungs-Rd (= 6. Rd), anschließend jeweils um den jeweiligen Hals des doppelten Relief-Stb der vorletzten Rd gearbeitet.

Fertigstellen

Wenn die Mützenhöhe von ca. 23-24 cm ab Mützenspitze gemessen erreicht ist, nach einer 8. Rd des Relief-Zopfmusters für das Mützenbündchen 1 fM in jede M der Vor-Rd häkeln (= 48 fM). Für die Rd mit fM zu Beginn immer 1 Anfangs-Lm häkeln, diese wird nicht zum Muster mitgezählt.
Noch 2 Rd fM häkeln, dabei immer nur in das hintere M-Glied der M der Vor-Rd einstechen. Den Faden abschneiden und durch die letzte M ziehen, alle Fäden vernähen.

Sport

Pure White

edles Zickzackmuster

GRÖSSE
Kopfumfang 56-60 cm
Mützenumfang 54 cm
Mützenhöhe 23-24 cm

MATERIAL
* Schachenmayr original Boston Sun (LL 100 m/100 g) in Natur (Fb 02), 200 g
* Häkelnadel 6,0-7,0 mm

MASCHENPROBE
Mit Nd 6,0-7,0 mm im Zickzackmuster 10 M und 11-12 Rd = 10 cm x 10 cm

HÄKELSCHRIFT
Seit 46

Relief-Stäbchen vorne
(Relief-Stb vorne)
Für jedes Relief-Stb von vorne um den Hals der entsprechenden M der vorletzten Rd einstechen (siehe Häkelschrift) und wie gewohnt 1 Stb häkeln (siehe auch „So wird's gemacht"). Musterbedingt liegt die Einstichstelle nicht unbedingt direkt unterhalb der entsprechenden M, sie wird jedoch immer um den entsprechenden Hals des vorangegangenen Stb gearbeitet.

Zickzackmuster
Nach der Häkelschrift in Rd arb. Die geraden Rd-Zahlen bezeichnen die Rd mit hStb/Relief-Stb vorne, die ungeraden Rd-Zahlen ab der 3. Rd bezeichnen die Rd mit fM. Die unterschiedlichen Farben der Häkelsymbole dienen der besseren Darstellung, es wird in einer Farbe gehäkelt.
Den gezeichneten Rapport fortlaufend wdh: 11x pro Rd. Die 1.-21. Rd 1x arb, dabei in der 2., 4., 5. und 7. Rd wie gezeichnet M zunehmen (= 55 M nach der 7. Rd). Dann die 10.-13. Rd noch 1x wdh.

Hinweis: Jede Rd mit fM mit 1 Lm beginnen, jede Rd mit hStb/Relief-Stb mit 2 Lm beginnen, diese Lm werden nicht zum Muster gezählt. Jede Rd am Ende mit 1 Km schließen.

Maschen verdoppeln
2 M in 1 Einstichstelle arb (siehe „So wird's gemacht").

Anleitung

Die Mütze wird von oben nach unten gehäkelt. Dafür einen Anfangsring bilden (siehe „So wird's gemacht") und im Zickzackmuster nach der Häkelschrift in Rd arb. Den Rapport 11x pro Rd häkeln. Die 1.-21. Rd 1x arb, dabei in der 2., 4., 5. und 7. Rd wie gezeichnet M zunehmen (= 55 M nach der 7. Rd). Dann die 10.-13. Rd noch 1x wdh.
Für das Mützenbündchen noch 2 Rd Relief-fM von hinten häkeln, für jede M immer von hinten um den M-Hals der M der Vor-Rd einstechen und 1 fM häkeln (siehe auch „So wird's gemacht").

Fertigstellen
Nach der letzten M den Faden abschneiden und durch die letzte M ziehen. Alle Fäden vernähen.

Special Effects

mit spannenden Querrippen

GRÖSSE
Kopfumfang 56-60 cm
Mützenumfang 54 cm
Mützenhöhe 26 cm

MATERIAL
* Schachenmayr original Lova (LL 50 m/ 50 g) in Grau-Gelb-Spot (Fb 80) und Grau-Grün-Spot (Fb 83), je 50 g
* Häkelnadel 9,0-10,0 mm

MASCHENPROBE
Mit Nd 9,0-10,0 mm
im Querrippenmuster
9 M und 8 Rd
= 10 cm x 10 cm

HÄKELSCHRIFT
Seite 47

Querrippenmuster

Nach der Häkelschrift in Rd in der Fb-Folge arb. Einen Anfangsring bilden (siehe „So wird's gemacht") und die 1. Rd wie gezeichnet in den Ring häkeln. Die ersten 7 Rd sind vollständig gezeichnet. Die Zahlen bezeichnen die Rd-Übergänge. In der 1.-6. Rd jede Rd mit 1 Lm beginnen, ab der 7. Rd jede Rd mit 2 Lm beginnen. Die Anfangs-Lm werden nicht zum Grundmuster gezählt! Jede Rd mit 1 Km schließen. In der 2., 4. und 6. Rd wie gezeichnet zunehmen.
Die 1.-6. Rd 1x arb, dann die 7. Rd fortlaufend wdh, dabei alle hStb immer nur in das hintere M-Glied der jeweiligen M der Vor-Rd häkeln, sodass eine waagerechte Linie (Querrippe) entsteht.

2 halbe Stäbchen zusammen abmaschen

Für das 1. hStb 1 U auf die Nd nehmen, in die entsprechende M der Vor-Rd einstechen und 1 Schlinge holen, es liegen nun 3 Schlingen auf der Nd. Nun für das 2. hStb wieder 1 U auf die Nd nehmen und in die folgende M der Vor-Rd einstechen, 1 Schlinge holen. Es liegen nun 5 Schlingen auf der Nd, erneut den Faden holen und durch alle 5 Schlingen ziehen. Es liegt nun wieder 1 Schlinge auf der Nd.

Farbfolge und Farbwechsel

Mit Fb 1 beginnen (Anfangsring und 1. Rd), dann in jeder Rd die Farbe wechseln.
Für einen perfekten Fb-Wechsel die Km schon in der Fb der Folge-Rd arb.
Fb 1 = Grau-Gelb-Spot
Fb 2 = Grau-Grün-Spot

Anleitung

Die Mütze wird von oben nach unten gehäkelt. Dafür in Fb 1 einen Anfangsring bilden (siehe „So wird's gemacht") und im Querrippenmuster nach der Häkelschrift arb, dabei in der 2., 4. und 6. Rd wie gezeichnet zunehmen (= 48 M = 24 fM und 24 Lm nach der 6. Rd).
Wenn die Mützenhöhe von ca. 23-24 cm ab Mützenspitze gemessen erreicht ist, für das Mützenbündchen in jede M der Vor-Rd 1 fM häkeln (= 48 fM), dabei jede Rd mit 1 Lm beginnen und 1 Km schließen. Noch 1 Rd fM häkeln, die Mütze wenden und nochmals 1 Rd 1 fM in jede M der Vor-Rd häkeln.

Hinweis: Besonders schön wird die Abschluss-Rd, wenn diese mit einer kleineren Nd-Stärke gearbeitet wird!

Fertigstellen

Den Faden abschneiden, durch die letzte M ziehen, alle Fäden vernähen.

beBeanie

Brown Sugar

die Outdoor-Beanie

GRÖSSE
Kopfumfang 56-60 cm
Mützenumfang 50-51 cm
Mützenhöhe 26 cm

MATERIAL
* Schachenmayr original Merino Extrafine 120 (LL 120 m/50 g) in Schoko (Fb 111), 150 g
* Häkelnadel 4,5-5,0 mm

MASCHENPROBE
Mit Nd Nr. 4,5-5,0 mm im Relief-Rippenmuster 16 M und 14 Rd = 10 cm x 10 cm

Doppeltes Reliefstäbchen vorne (doppeltes Relief-Stb vorne)

Für jedes doppelte Relief-Stb vorne wie für ein DStb üblich zunächst 2 U bilden, von vorne um den Hals der M der vorletzten Rd einstechen und wie gewohnt 1 DStb häkeln (siehe auch „So wird's gemacht").

Zunahme

2 doppelte Relief-Stb vorne um dasselbe Stb der vorletzten Rd häkeln, dabei nach dem 1. doppelten Relief-Stb 1 Stb in die folgende fM der Vor-Rd arb.

Relief-Rippenmuster

Siehe 6. und 7. Rd der Anleitung.

Maschen verdoppeln

2 M in 1 Einstichstelle arb (siehe „So wird's gemacht").

Anleitung

Hinweis: Jede Rd fM mit 1 Lm beginnen. Diese Anfangs-Lm ersetzt nicht die 1. fM, sie wird zusätzlich gehäkelt! Jede Rd mit hStb mit 2 Lm und jede Rd mit Stb/DStb mit 3 Lm beginnen, diese Anfangs-Lm ersetzen die 1. M! Alle Rd mit 1 Km schließen.

Die Mütze wird von oben nach unten gehäkelt. Dafür einen Anfangsring bilden (siehe „So wird's gemacht") und wie folgt weiterarb:
1. Rd: 14 hStb in den Ring häkeln.
2. Rd: Jede M der Vor-Rd verdoppeln (= 28 hStb).
3. Rd: Ohne Zunahmen arb, 1 fM in jede M der Vor-Rd häkeln (= 28 fM).
4. Rd: Mit den doppelten Relief-Stb vorne keine fM der Vor-Rd übergehen! 3 Lm, 1 doppeltes Relief-Stb vorne um die Ersatz-Lm der vorletzten Rd, * 1 Stb, 1 doppeltes Relief-Stb vorne um die entsprechende M der vorletzten Rd, ab * fortlaufend wdh (= 56 M).
5. Rd: Wie die 3. Rd arb (= 56 fM).
6. Rd: Ohne Zunahmen arb, 3 Lm, 1 doppeltes Relief-Stb vorne um das entsprechende Relief-Stb der vorletzten Rd, * 1 fM der Vor-Rd übergehen, 1 Stb in die nächste fM häkeln, 1 doppeltes Relief-Stb vorne um das entsprechende Relief-Stb der vorletzten Rd, ab * fortlaufend wdh (= 56 M).
7. Rd: Wie die 3. Rd arb (= 56 fM).
8. Rd: Jede 2. Relief-Rippe verdoppeln, dazu wie folgt arb: 3 Lm, 1 doppeltes Relief-Stb vorne um das entsprechende Relief-Stb der vorletzten Rd, 1 fM der Vor-Rd übergehen, 1 Stb in die nächste fM häkeln, * 1 Zunahme (siehe links), 1 Stb in die nächste fM häkeln, 1 doppeltes Relief-Stb vorne um das entsprechende Relief-Stb der vorletzten Rd, 1 fM der Vor-Rd übergehen, 1 Stb in die nächste fM häkeln, ab * fortlaufend wdh, enden mit 1 Zunahme (= 84 M).
9. Rd: Wie die 3. Rd arb (= 84 fM).
Nun ohne Zunahmen im Relief-Rippenmuster weiterarb, dafür die 6. und 7. Rd über alle 84 M fortlaufend wdh, bis eine Mützenhöhe von ca. 24-25 cm ab Mützenspitze erreicht ist. Für das Mützenbündchen 3 Rd fM häkeln, dabei immer nur in das hintere M-Glied der M der Vor-Rd einstechen.

Fertigstellen

Faden abschneiden, durch die letzte M ziehen, alle Fäden vernähen.

CMA CGM

GRÖSSE

Kopfumfang 56-60 cm
Mützenumfang 54 cm
Mützenhöhe 27 cm

MATERIAL

* Schachenmayr original Sun City (LL 97 m/50 g) in Grau meliert (Fb 192), 150 g
* Häkelnadel 5,0 mm

MASCHENPROBE

Mit Nd 5,0 mm im Rautenmuster 16-17 M und 22-23 Rd = 10 cm x 10 cm

HÄKELSCHRIFT

Seite 47

Der Allrounder

Grau steht Jedem

Maschen verdoppeln

2 M in 1 Einstichstelle arb (siehe „So wird's gemacht").

Halbe Reliefstäbchen vorne (halbe Relief-Stb vorne)

Mit der Häkelnd von vorne um den Hals der entsprechenden M einstechen und dann das hStb wie gewohnt häkeln (siehe „So wird's gemacht"). In der 5. Rd wird um die M der Vor-Rd gehäkelt, ab der 7. Rd um die M der vorletzten Rd gearbeitet. Sofern in der Rd keine Zunahmen gearbeitet werden, bleibt die entsprechende M der Vor-Rd (= fM) unbehäkelt und wird einfach übergangen. Musterbedingt liegt die Einstichstelle nicht unbedingt direkt unterhalb der entsprechenden M, sie wird jedoch immer um den entsprechenden Hals des vorangegangenen halben Relief-Stb gearbeitet.

Mein Tipp für Sie

Lieber locker Die Mütze wird aufgrund der Häkeltechnik eher etwas fest, feuchten Sie das fertige Modell deshalb etwas an, spannen Sie es auf einem Luftballon und lassen Sie es trocknen.

Rautenmuster

Nach der Häkelschrift in Rd arb. Die Zahlen bezeichnen die Rd-Übergänge. Ab der **5. Rd** bezeichnen die ungeraden Rd-Zahlen die Rd mit halben Relief-Stb, die geraden Rd-Zahlen bezeichnen die Rd mit fM. Die unterschiedlichen Farben der Häkelsymbole dienen der besseren Darstellung, es wird in einer Farbe gehäkelt.
Den gezeichneten Rapport fortlaufend wdh, insgesamt in jeder Rd 9x. Die 1.-27. Rd 1x arb, dabei für die Relief-Stb vorne wie in der Häkelschrift gezeichnet einstechen: in der 5. Rd um den Hals der hStb der Vor-Rd, ab der 7. Rd immer um den Hals der halben Relief-Stb der vorletzten Rd. In der 2., 4., 6., 8. und 10. Rd wie gezeichnet M zunehmen = 90 M nach der 10. Rd. Dann die 12.-27. Rd noch 1x wdh und anschließend noch 1x die 12.-22. Rd wdh = insgesamt 54 Rd.

Hinweis: Jede Rd mit 1 Lm beginnen, diese wird nicht zum Muster gezählt, und am Ende mit 1 Km schließen.

Anleitung

Die Mütze wird von oben nach unten gehäkelt. Dafür einen Anfangsring bilden (siehe „So wird's gemacht"), in der 1. Rd 9 fM in den Ring häkeln, = 1. Rd der Häkelschrift und im Rautenmuster wie angegeben nach der Häkelschrift weiterarb. Den gezeichneten Rapport pro Rd 9xarb. Die 1.-27. Rd 1x arb, die 12.-27. Rd noch 1x wdh, dann noch 1x die 12.-22. Rd wdh. Die letzte Rd (= 54. Rd) ist eine Rd mit fM. Anschließend für das Mützenbündchen wie folgt 3 Rd im Relief-Rippenmuster häkeln:
55. Rd: * 1 halbes Relief-Stb vorne um die entsprechenden hStb oder fM der vorletzten Rd häkeln, 1 fM, ab * fortlaufend wdh.
56. Rd: fM häkeln
57. Rd: Wie die 55. Rd arb.
58. Rd: Die Mütze wenden, nochmals 1 Rd fM in jede M der Vor-Rd häkeln.

Hinweis: Besonders schön wird die Abschluss-Rd, wenn diese mit einer kleineren Nd-Stärke gearbeitet wird!

Fertigstellen

Den Faden abschneiden und durch die letzte M ziehen, alle Fäden vernähen.

GRÖSSE
Kopfumfang 56-60 cm
Mützenumfang
50-52 cm
Mützenhöhe 27 cm

MATERIAL

* Schachenmayr original Boston (LL 55 m/50 g) in Graphit (Fb 197), 100 g, und in Burgund (Fb 132), 50 g
* Häkelnadel 8,0 mm

MASCHENPROBE
Mit Nd 8,0 mm
im Vogelfußmuster
9 M und 9 Rd
= 10 cm x 10 cm

HÄKELSCHRIFT

Seite 47

Keep it purple

Vogelfußmuster in klassischen Farben

Maschen verdoppeln

2 M in 1 Einstichstelle arb (siehe „So wird's gemacht").

2 zusammen abgemaschte, tiefer gestochene Stäbchen

Für das spezielle Muster dieser Mütze werden die beiden Stb in unterschiedliche Einstichstellen gehäkelt, dabei das 1. Stb in den ersten Lm-Zwischenraum arb, in den schon das letzte Stb gehäkelt wurde bzw. am Rd-Beginn das 1. Stb in den letzten Zwischenraum der vorletzten Rd arb – über den Rd-Übergang hinweg. Das 2. Stb in den nachfolgenden Lm-Zwischenraum der vorletzten Rd häkeln, die dazwischenliegenden M werden übergangen. Dabei das 1. Stb nur zur Hälfte abmaschen, dafür 1 Umschlag auf die Nd nehmen, in den entsprechenden Lm-Zwischenraum der Vor-Rd einstechen und 1 Schlinge holen, es liegen nun 3 Schlingen auf der Nd, erneut Faden holen und durch die ersten beiden Schlingen ziehen, es liegen nun noch 2 Schlingen auf der Nd. Nun auch das 2. Stb zur Hälfte abmaschen, bis insgesamt 3 Schlingen = Anfangsschlinge und je 1 Schlinge von den beiden Stb auf der Nd liegen. Erneut den Faden holen und durch alle 3 Schlingen ziehen und damit die beiden Stb zusammen abmaschen. Es liegt nun wieder 1 Schlinge auf der Nd.

Vogelfußmuster

Nach der Häkelschrift in Rd arb. Die Zahlen bezeichnen die Rd-Übergänge. Die 1.-5. Rd 1x in Graphit arb, dabei in der 2., 3. und 5. Rd wie gezeichnet M zunehmen (= 48 M nach der 5. Rd), dann die 6. und 7. Rd fortlaufend wdh, dabei den Fb-Wechsel beachten. Nach der 20. Rd wie in der Anleitung beschrieben weiterarb.

Farbwechsel

Ab der 5. Rd jeweils alle 2 Rd die Fb wechseln: * je 2 Rd Burgund, 2 Rd Graphit, ab * fortlaufend wdh.

Hinweis: Vor dem Fb-Wechsel die Km schon in der Fb der Folge-Rd arb, damit ein perfekter Fb-Übergang entsteht.

Anleitung

Hinweis: Sofern nicht anders beschrieben, jede Rd mit 2 Anfangs-Lm beginnen, diese ersetzen das 1. hStb. Bei Rd die mit 1 Anfangs-Lm beginnen, wird diese M zuätzlich gezählt und ist nicht Teil des Musters. Alle Rd mit 1 Km schließen.

Die Mütze wird von oben nach unten gehäkelt. Dafür in Graphit einen Anfangsring bilden (siehe „So wird's gemacht") und für die 1. Rd 8 hStb in den Ring häkeln. Dann weiter im Vogelfußmuster in Rd nach der Häkelschrift arb. Die 1.-5. Rd 1x in Graphit arb, dann die 6. und 7. Rd fortlaufend wdh, jeweils nach 2 Rd die Fb wechseln. Nach der 20. Rd (= eine 6. Rd) in Graphit für das Bündchen wie folgt arb:

21. Rd (Graphit): 1 fM in jede M der Vor-Rd häkeln.

22. Rd (Burgund): Relief-fM von hinten häkeln, für jede Relief-fM immer von hinten um den M-Hals der M der Vor-Rd einstechen und 1 fM häkeln (siehe auch „So wird's gemacht").

23.-24. Rd (Graphit): Wie die 22. Rd häkeln.

Fertigstellen

Nach der letzten M den Faden abschneiden und durch die letzte M ziehen. Alle Fäden vernähen.

Auf See

sehen und gesehen werden

Strukturmuster

In Rd häkeln. M-Zahl teilbar durch 14. Es werden fM und Stb im Wechsel gearbeitet. Dabei das Muster in jeder Rd versetzen, d. h., die fM werden dabei in die Stb der Vor-Rd gehäkelt und die Stb werden in die fM der Vor-Rd gehäkelt, bei den Stb jedoch immer nur in das hintere M-Glied der fM der Vor-Rd einstechen, so bilden die vorderen M-Glieder eine horizontale Linie.
Beim Rd-Beginn mit fM jede Rd mit 1 Lm anfangen, beim Rd-Beginn mit Stb jede Rd mit 3 Lm beginnen. Diese Anfangs-Lm werden dabei nicht zum Muster gezählt! Jede Rd mit 1 Km schließen.

Maschen verdoppeln

2 M in 1 Einstichstelle arb (siehe „So wird's gemacht").

Mein Tipp für Sie

Kurze Variante Natürlich können Sie das Modell auch in klassischer Beanielänge anfertigen, beginnen Sie dabei schon nach ca. 24 cm ab Mützenspitze gemessen mit dem Mützenbündchen.

Anleitung

Die Mütze wird von oben nach unten gehäkelt. Dafür einen Anfangsring bilden (siehe „So wird's gemacht") und wie folgt weiterarb:

1. Rd: 2 Lm, 12 hStb in den Ring häkeln, die Rd mit 1 Km schließen.

2. Rd: 2 Lm, dann jede M der Vor-Rd verdoppeln die Rd mit 1 Km schließen (= 24 hStb).

Nun mit dem Strukturmuster beginnen, die Anfangs-Lm wie oben beschrieben häkeln.

3. Rd: Ohne Zunahmen arb, * 2 Stb (jeweils in das hintere M-Glied der M der Vor-Rd häkeln), 2 fM, ab * fortlaufend wdh (= 24 M).

4. Rd: Jede 2. M verdoppeln: * 1 fM, die nächste M verdoppeln, dafür 2 fM in 1 Einstichstelle arb, 1 Stb, nächste M verdoppeln, dafür 2 Stb in 1 Einstichstelle arb, ab * fortlaufend wdh (= 36 M).

5. Rd: Jede 3. M verdoppeln: * 2 Stb, die nächste M verdoppeln, 2 fM, die nächste M verdoppeln, ab * fortlaufend wdh (= 48 M).

6. Rd: Jede 4. M verdoppeln: * 3 fM, die nächste M verdoppeln, 3 Stb, dienächste M verdoppeln, ab * fortlaufend wdh (= 60 M).

7. Rd: Jede 5. M verdoppeln: * 4 Stb, die nächste M verdoppeln, 4 fM, die nächste M verdoppeln, ab * fortlaufend wdh (= 72 M).

8. Rd: Jede 6. M verdoppeln: * 5 fM, die nächste M verdoppeln, 5 Stb, die nächste M verdoppeln, ab * fortlaufend wdh (= 84 M).

Nun ohne weitere Zunahmen wie beschrieben weiterarb, dabei das Muster in jeder Rd versetzen:

9. Rd: * 7 Stb, 7 fM, ab * fortlaufend wdh (= 84 M).

10. Rd: * 7 fM, 7 Stb ab * fortlaufend wdh (= 84 M).

Die 9. und 10. Rd fortlaufend wdh, bis eine Mützenhohe von ca. 30 cm ab Mützenspitze gemessen erreicht ist. Dann für das Mützenbündchen 5 Rd fM häkeln, dabei für jede M immer nur in das hintere M-Glied der Vor-Rd einstechen. Jede Rd mit fM mit 1 zusätzlichen Lm beginnen und mit 1 Km schließen.

Fertigstellen

Nach der 5. Rd des Bündchens die Mütze wenden und nochmals 1 Rd 1 fM in jede M der Vor-Rd häkeln. Nach der letzten M den Faden abschneiden und durch die letzte M ziehen. Alle Fäden vernähen.

GRÖSSE

Kopfumfang 56-58 cm
Mützenumfang 48-50 cm
Mützenhöhe 32 cm

MATERIAL

* Schachenmayr original Merino Extrafine 120 (LL 120 m/50 g) in Orange (Fb 125), 100 g
* Häkelnadel 4,0-5,0 mm

MASCHENPROBE

Mit Nd 4,0-5,0 mm im Strukturmuster 17-18 M und 12 Rd = 10 cm x 10 cm

GRÖSSE
Kopfumfang 56-60 cm
Mützenumfang
53-54 cm (sehr dehnbar)
Mützenhöhe 25 cm

MATERIAL
* Rowan Lima Colour (LL 110 m/50 g) in Bogato (Fb 713), 100 g
* Häkelnadel 6,0 mm

MASCHENPROBE
Mit Nd 6,0 mm
im Gitter- und Reliefmuster kombiniert
ca. 17 M und 17 Rd
= 10 cm x 10 cm

Light blue

kuschelweiche Alltagsbeanie

Gittermuster

In Rd je 1 fM und 1 Lm im Wechsel häkeln. Das Muster in jeder Rd versetzen, d. h. die fM um die Lm der Vor-Rd häkeln, die fM der Vor-Rd mit 1 Lm übergehen. In der 2., 4., 6., 9. und 11. Rd wie beschrieben M zunehmen, dabei das Muster entsprechend erweitern.

Reliefmuster

In Rd Relief-fM hinten häkeln. Für jede Relief-fM von hinten um den Hals der M der Vor-Rd einstechen und 1 fM häkeln. Der M-Kopf der Vor-Rd „kippt" dabei nach vorne und erscheint für das Muster typisch als „V".

Maschen verdoppeln

2 M in 1 Einstichstelle arb (siehe „So wird's gemacht").

Anleitung

Hinweis: Jede Rd mit 1 Lm beginnen und mit 1 Km schließen. Die Anfangs-Lm ersetzt nicht die 1. fM.

Die Mütze wird von oben nach unten gehäkelt. Dafür einen Anfangsring bilden (siehe „So wird's gemacht") und wie folgt weiterarb:

1. Rd: 8x [1 Lm, 1 fM im Wechsel] in den Ring häkeln (= 16 M).

2. Rd: [1 fM, 1 Lm, 1 fM] in jeden Lm-Zwischenraum der Vor-Rd häkeln, mit 1 Lm die fM der Vor-Rd übergehen (= 32 M =16 fM und 16 Lm).

3. Rd: Ohne Zunahmen im Gittermuster häkeln.

4. Rd: * mit 1 Lm die fM der Vor-Rd übergehen, 1 fM in den folgenden Lm-Zwischenraum der Vor-Rd, mit 1 Lm die fM der Vor-Rd übergehen, [1 fM, 1 Lm, 1 fM] in den nächsten Lm-Zwischenraum der Vor-Rd häkeln, ab * fortlaufend wdh (= 48 M = 24 fM und 24 Lm).

5. Rd: Wie die 3. Rd arb.

6. Rd: * 2x [mit 1 Lm die fM der Vor-Rd übergehen, 1 fM in den folgenden Lm-Zwischenraum der Vor-Rd], mit 1 Lm die fM der Vor-Rd übergehen, [1 fM, 1 Lm, 1 fM] in den nächsten Lm-Zwischenraum der Vor-Rd häkeln, ab * fortlaufend wdh (= 64 M = 32 fM und 32 Lm).

7. + 8. Rd: Wie die 3. Rd arb.

9. Rd: * 3x [1 fM in den folgenden Lm-Zwischenraum der Vor-Rd, mit 1 Lm die fM der Vor-Rd übergehen], [1 fM, 1 Lm, 1 fM] in den nächsten Lm-Zwischenraum der Vor-Rd häkeln, mit 1 Lm die fM der Vor-Rd übergehen, ab * fortlaufend wdh (= 80 M = 40 fM und 40 Lm).

10. Rd: Wie die 3. Rd arb.

11. Rd: * 7x [1 fM in den folgenden Lm-Zwischenraum der Vor-Rd, mit 1 Lm die fM der Vor-Rd übergehen], [1 fM, 1 Lm, 1 fM] in den nächsten Lm-Zwischenraum der Vor-Rd häkeln, mit 1 Lm die fM der Vor-Rd übergehen, ab * fortlaufend wdh (= 90 M = 45 fM und 45 Lm).

12. Rd: Übergang zu Reliefmuster, dafür um jede Lm und in jede fM der Vor-Rd 1 fM häkeln, dabei verteilt 2x 1 M verdoppeln (siehe „So wird's gemacht") (= 92 fM).

Ohne Zunahmen wie folgt weiterarb:

13.-18. Rd: Im Reliefmuster arb.

19.-24. Rd: Im Gittermuster arb.

25. Rd: Übergang zum Reliefmuster, dafür um jede Lm und in jede fM der Vor-Rd 1 fM häkeln.

26.- 31. Rd: Im Reliefmuster arb.

32.- 37. Rd: Im Gittermuster arb.

38. Rd: Übergang zu Reliefmuster, dafür um jede Lm und in jede fM der Vor-Rd 1 fM häkeln.

39.-44. Rd: Im Reliefmuster arb.

Fertigstellen

Nach der letzten M den Faden abschneiden, durch die letzte M ziehen, alle Fäden vernähen.

Quadratisch gut

Kästchenmuster mit Stil

Kästchenmuster

In Rd häkeln. M-Zahl teilbar durch 4. Die Anfangs-Lm in den Rd mit fM ersetzen nicht die 1. M, sie werden jeweils zusätzlich gehäkelt, in den anderen Rd ersetzen die Anfangs-Lm das 1. Stb. Jede Rd mit 1 Km schließen.

1. Rd (Oliv): 1 Lm, 1 fM in jede M.

2. Rd (Anis): * 3 Lm, 2 Lm, dabei 2 M der Vor-Rd übergehen, 1 Stb, ab * fortlaufend wdh, dabei die 3 Anfangs-Lm durch 1 Stb ersetzen.

3. Rd (Anis): 1 Lm, * 1 fM, 2 Lm, dabei 2 M der Vor-Rd übergehen, 1 fM, ab * fortlaufend wdh.

4. Rd (Marine): 1 Lm, * 1 fM, 2x 1 tiefer gestochene Stb in die entsprechende M der 1. Rd häkeln (siehe „So wird's gemacht"), dabei die Lm der beiden Vor-Rd mit dem Stb umschließen, 1 fM, ab * fortlaufend wdh.

5. Rd (Marine): 1 Lm, 1 fM in jede M.

6. Rd (Oliv): 3 Lm, 1 Stb in jede M.

Die 1.-6. Rd fortlaufend bzw. wie in der Anleitung angegeben wdh.

Tiefer gestochenes Stäbchen

Siehe „So wird's gemacht".

Farbwechsel

Für einen perfekten Fb-Übergang vor einem Fb-Wechsel die Km schon in der Fb der Folge-Rd arb.

Maschen verdoppeln

2 M in 1 Einstichstelle arb (siehe „So wird's gemacht").

2 feste Maschen zusammen abmaschen

Siehe „So wird's gemacht".

Relief-fM hinten

Für jede Relief-fM von hinten um den Hals der M der Vor-Rd einstechen und 1 fM häkeln. Der M-Kopf der Vor-Rd „kippt" dabei nach vorne und erscheint für das Muster typisch als „V".

Anleitung

Hinweis: Jede Rd mit fM mit 1 Lm beginnen. Diese Anfangs-Lm ersetzt nicht die 1. fM, sie wird zusätzlich gehäkelt! Jede Rd mit hStb mit 2 Lm beginnen, die Anfangs-Lm ersetzen das 1. hStb! Jede Rd mit 1 Km schließen.

Die Mütze wird von oben nach unten gehäkelt. Dafür in Marine einen Anfangsring bilden (siehe „So wird's gemacht") und wie folgt weiterarb:

1. Rd (Marine): 12 hStb in den Anfangsring häkeln.

2. Rd (Marine): Jede M verdoppeln (= 24 hStb).

3. Rd (Marine): Ohne Zunahmen arb (= 24 hStb).

4. Rd (Marine): Jede 2. M verdoppeln (= 36 hStb).

5. Rd (Marine): Jede 3. M verdoppeln (= 48 hStb).

6. Rd (Marine): Ohne Zunahmen arb (= 48 hStb).

7. Rd (Marine): Jede 4. M verdoppeln (= 60 hStb).

Nun die Fb wechseln und mit Stb weiterhäkeln:

8. Rd (Oliv): 3 Lm (= als Ersatz für das 1. Stb) häkeln, jede 5. M verdoppeln (= 72 Stb).

Dann ohne Zunahmen wie folgt weiterarb:

9.-26. Rd: Wie beschrieben im Kästchenmuster häkeln, dafür die 1.-6. Rd 3x arb.

Anschließend für das Mützenbündchen wie folgt häkeln:

27. Rd (Anis): 1 fM in jede M der Vor-Rd häkeln, dabei jede 12. M mit der M davor zusammen abmaschen (= 66 fM).

28. Rd (Marine): 1 Rd fM häkeln, dabei für jede M immer in das hintere M-Glied der Vor-Rd einstechen, sodass eine Querrippe entsteht.

29.-30. Rd (Marine): Nun noch 2 Rd Relief-fM hinten häkeln.

Fertigstellen

Nach der letzten M den Faden abschneiden und durch die letzte M ziehen, alle Fäden vernähen.

GRÖSSE
Kopfumfang 56-60 cm
Mützenumfang
52-54 cm
Mützenhöhe 26 cm

MATERIAL
- Schachenmayr original Merino Extrafine 85 (LL 85 m/50 g) in Marine (Fb 250), Oliv (Fb 271) und Anis (Fb 274), je 50 g
- Häkelnadel 6,0-7,0 mm

MASCHENPROBE
Mit Nd 6,0-7,0 mm
im Kästchenmuster
13-14 M und 13 Rd
= 10 cm x 10 cm

GRÖSSE
Kopfumfang 56-58 cm
Mützenumfang
48-50 cm
Mützenhöhe 20-21 cm

MATERIAL
* Schachenmayr original Lova Fan (LL 80 m/80 g) in Gelb-Schwarz (Fb 83), 80 g
* Häkelnadel 9,0 mm

MASCHENPROBE
Mit Nd 9,0 mm
ca. 8-9 fM und 10 R
= 10 cm x 10 cm

SCHNITT-ZEICHNUNG
Umschlagklappe

Neon ist das neue Schwarz

ein echter Hingucker

Elastischer Anfang aus Luftmaschen und festen Maschen

2 Lm häkeln, dann mit der Häkelnd in die 1. Lm einstechen, * Faden holen, dann durch die 1. Schlinge nochmals den Faden holen = 1 Lm. Es liegen 2 Schlingen auf der Nd. Anschließend 1 fM häkeln, dafür wieder den Faden holen und diesmal durch beide Schlingen auf der Nd ziehen. Zur Kontrolle: Es liegt nun wieder 1 Schlinge auf der Nd. Für die nächste M mit der Häkelnd in die vorhergehende Lm einstechen und den Vorgang wie ab * beschrieben wiederholen.

Feste Maschen in Reihen

Dafür fM in Hin- und Rückr häkeln und jede R mit 1 Wende-Lm beginnen.

Maschen verdoppeln

2 M in 1 Einstichstelle der Vor-R häkeln (siehe „So wird's gemacht").

Anleitung

Hinweis: Die Mütze wird schräg in R mit vierzackiger Mützenspitze gehäkelt, siehe dazu auch die Schnittzeichnung. Die Mützenform entsteht am Ende durch das Schließen der Nähte.

Zu Beginn einen elastischen Anfang aus Lm und fM häkeln, den beschriebenen Vorgang so oft wdh, bis 17 M gebildet sind, diese R zählt als 1. R der Mütze. Alternativ kann auch eine Lm-Kette mit 17 Lm gehäkelt werden, 1 Wende-Lm, dann in jede Lm 1 fM häkeln, dabei darauf achten, dass die Lm locker gearbeitet werden.

* 2. R (= Rückr): 1 Wende-Lm, die 1. M der Vor-R verdoppeln, dann 1 fM in jede folgende M häkeln (= 18 M).

3. R (= Hinr): 1 Wende-Lm, 17 fM häkeln, die letzte M verdoppeln (= 19 M).

4. R (= Rückr): 1 Wende-Lm, die 1. M der Vor-R verdoppeln, dann 1 fM in jede folgende M häkeln (= 20 M).

5. R (= Hinr): 1 Wende-Lm, 19 fM häkeln, die letzte M verdoppeln (= 21 M).

6. R (= Rückr): 1 Wende-Lm, die 1. M der Vor-R verdoppeln, dann 1 fM in jede folgende M häkeln (= 22 M).

7. R (= Hinr): 1 Wende-Lm, 21 fM häkeln, die letzte M verdoppeln (= 23 M).

8. R (= Rückr): 1 Wende-Lm, 1. M der Vor-R verdoppeln, dann 1 fM in jede folgende M häkeln (= 24 M).

Diese 8 R bilden die erste „Zacke" der Mütze. Nun den Faden abschneiden, dieser kann später zum Schließen der Nähte verwendet werden **.

Für die nächste Hinr die Arbeit wenden, die ersten 7 M der R übergehen und den Faden in der 8. M neu anschlingen, 1 Anfangs-Lm bilden, 17 fM häkeln ***, dann wie ab * beschrieben weiterarb. Den Vorgang von * bis *** 2x wdh = drei Zacken. Für die vierte und letzte Zacke 1x von * bis ** häkeln.

Fertigstellen

Mit den Restfäden die Nähte schließen, zuerst die hintere Mützennaht schließen, dafür das Häkelstück zum Ring legen, sodass die diagonalen Strecken aneinanderstoßen, von der letzten R stehen dabei 7 M für die letzte Zacke über, siehe auch die schwarzen Strecken in der Schnittzeichnung. Anschließend immer zwei gegenüberliegende Seiten einer Zacke von Mützenspitze bis Ende zusammennähen, insgesamt 4x wdh, bis alle vier Nähte für die Mützenspitze geschlossen sind, siehe die blauen Strecken in der Schnittzeichnung. Restliche Fäden vernähen.

Farbvariante

„Lova Fan" ist mit einer Knäuelgröße von 80 g genau passend für dieses Mützenmodell. Für alle „Nicht-Fußballfans", kann das Modell nach der Anleitung für die Fan-Mütze auch aus 2x 50 g in „Lova" angefertigt werden – ein schöner Effekt wird erzielt, wenn zwei unterschiedliche Fb verwendet und jeweils die 1.-8. R in den beiden Fb im Wechsel gehäkelt werden! Falls noch Garn übrig ist, kann zum Abschluss noch 1 Rd fM an den unteren Mützenrand gehäkelt werden, dafür die Mütze wenden und von der Innenseite aus einstechen.

Keep it simple

im Casual-Look

Halbe Reliefstäbchen hinten (halbe Relief-Stb hinten)

In Rd halbe Relief-Stb hinten arb, dabei für jede M die Häkelnd von hinten um den Hals der M der Vor-Rd führen und ein hStb wie gewohnt häkeln. Der M-Kopf der Vor-Rd „kippt" dabei nach vorne und erscheint für das Muster typisch als „V".

Hinweis: Das Garn wird für dieses Muster wie beschrieben mit einer wesentlich dickeren Häkelnd-Stärke verarbeitet als üblich! So entsteht ein lockeres, elastisch-weiches M-Bild. Wird eine zu kleine Nd-Stärke gewählt, wird das Modell sehr fest und fällt nicht schön.

Maschen verdoppeln

2 M in 1 Einstichstelle arb (siehe „So wird's gemacht").

Mein Tipp für Sie

Kurze Variante Natürlich können Sie das Modell auch in klassischer Beanielänge anfertigen, beginnen Sie dabei schon nach ca. 24 cm ab Mützenspitze gemessen mit dem Mützenbündchen. Für die klassische Beanielänge reichen 100 g Garn aus.

Anleitung

Die Mütze wird von oben nach unten gehäkelt. Dafür einen Anfangsring bilden (siehe „So wird's gemacht") und mit halben Relief-Stb hinten in Spiral-Rd (siehe „So wird's gemacht") weiterarb, dabei am Ende der 1. Rd den Rd-Beginn markieren, damit die Zunahmen leicht kontrolliert werden können:

1. Rd: 2 Lm, 12 hStb in den Ring häkeln, den Rd-Beginn mit einem Kontrastfaden kennzeichnen.

2. Rd: Jede M der Vor-Rd verdoppeln, dafür um jeden M-Hals der M der Vor-Rd nacheinander 2 halbe Relief-Stb hinten häkeln (= 24 halbe Relief-Stb hinten).

3. Rd: Ohne Zunahme, 24 halbe Relief-Stb hinten häkeln.

4. Rd: Jede 2. M verdoppeln (= 36 halbe Relief-Stb hinten).

5. Rd: Jede 3. M verdoppeln (= 48 halbe Relief-Stb hinten).

6. Rd: Ohne Zunahmen, 48 halbe Relief-Stb hinten häkeln.

7. Rd: Jede 4. M verdoppeln (= 60 halbe Relief-Stb hinten).

8. Rd: Jede 5. M verdoppeln (= 72 halbe Relief-Stb hinten).

9. Rd: Jede 6. M verdoppeln (= 84 halbe Relief-Stb hinten).

10. Rd: Die 28. und 56. M verdoppeln (= 86 halbe Relief-Stb hinten).

Nach der 10. Rd ohne Zunahmen über die 86 M mit halben Relief-Stb hinten in Spiral-Rd weiterarb, bis eine Mützenhöhe von ca. 30 cm ab Mützenspitze gemessen erreicht ist.

Für das Mützenbündchen 4 Rd Relief-fM hinten häkeln, dabei ähnlich wie für die entsprechenden halben Relief-Stb arb, jedoch eine fM anstatt eines hStb häkeln: für jede Relief-fM immer von hinten um den M-Hals der M der Vor-Rd einstechen und 1 fM häkeln. Am Ende der 4. Bündchen-Rd, nach der letzten M, diese mit 1 Km in die folgende M verankern.

Fertigstellen

Den Faden abschneiden, durchziehen und vernähen. Den Kontrastfaden nach Abschluss des Modells einfach herausziehen. Alle Fäden vernähen.

Hinweis: Dieses Modell lässt sich auch einfach für größere und kleinere „Köpfe" anpassen! Für einen Kopfumfang von 58-60 cm in der 10. Rd gleichmäßig verteilt einfach noch 4 weitere M verdoppeln, sodass nach der 10. Rd über insgesamt 90 M weitergearbeitet wird. Für einen Kopfumfang von 54-56 cm nach der 9. Rd ohne weitere Zunahmen weiterarb (= 84 M) und in der 1. Bündchen-Rd die M-Zahl verringern, sodass die Mütze gut sitzt.

GRÖSSE
Kopfumfang 56-58 cm
(siehe Hinweis zu weiteren Größen)
Mützenumfang 50 cm
Mützenhöhe 32 cm

MATERIAL
* Schachenmayr Regia 6-fädig Color (LL 375 m/150 g) in Vulkano Kilauea (Fb 6838), 150 g
* Häkelnadel 5,0-6,0 mm

MASCHENPROBE
Mit Nd 5,0-6,0 mm ca. 17 halbe Relief-Stb hinten und 12 Rd = 10 cm x 10 cm

GRÖSSE
Loop-Umfang 64 cm
Kapuzenhöhe 32 cm

MATERIAL
* Schachenmayr original Lova (LL 50 m/ 50 g) in Anthrazit-Marmor Spot (Fb 86), 300 g
* Häkelnadel 10,0 mm
* Jerseyband in Schwarz, 4 cm breit, ca. 75 cm
* Kordel, 1 m
* spitze Nähnädel
* Nähgarn

MASCHENPROBE
Mit Nd 10,0 mm im Kapuzenmuster 9-10 M und 10 R = 10 cm x 10 cm

SCHNITT-ZEICHNUNG
Umschlagklappe

Gut gegen Wind

Kapuzenloop für kühle Tage

Elastischer Anfang aus Luftmaschen und festen Maschen

2 Lm häkeln, dann mit der Häkelnd in die 1. Lm einstechen, * Faden holen, dann durch die 1. Schlinge nochmals den Faden holen = 1 Lm. Es liegen 2 Schlingen auf der Nd. Anschließend 1 fM häkeln, dafür wieder den Faden holen und diesmal durch beide Schlingen auf der Nd ziehen. Zur Kontrolle: Es liegt nun wieder 1 Schlinge auf der Nd. Für die nächste M mit der Häkelnd in die vorhergehende Lm einstechen und den Vorgang wie ab * beschrieben wiederholen.

Kapuzenmuster

In Hin- und Rückr häkeln. Ungerade M-Zahl + 1 Wende-Lm.
Als M-Anschlag eine Lm-Kette oder einen elastischen Anfang arb, dann wie folgt weiterarb:
1. R: 1 Wende-Lm, * fM häkeln, mit 1 Lm 1 fM der Vor-R übergehen, ab * fortlaufend wdh, enden mit 1 fM.
2. R: 1 Wende-Lm, * mit 1 Lm die fM der Vor-R übergehen, 1 fM um die Lm der Vor-R häkeln, ab * fortlaufend wdh, enden mit: die fM der Vor-R mit 1 Lm übergehen, 1 fM in die Wende-Lm der Vor-R.
Die 1. und 2. R fortlaufend wdh.

Loopmuster

In Rd häkeln. Gerade M-Zahl.
1. Rd: Mit 3 Lm beginnen, 1 Stb in jede M häkeln, die Rd mit 1 Km schließen.
2. Rd: Mit 1 Lm beginnen, 1 fM in jede M häkeln, die Rd mit 1 Km schließen.
3. Rd: Mit 3 Lm beginnen, * 1 Stb in die entsprechende M der Vor-Rd, 1 doppeltes Relief-Stb vorne um den Hals der M der vorletzten Rd häkeln, ab * fortlaufend wdh, die Rd mit 1 Km schließen.
Die 2. und 3. Rd fortlaufend wdh.

Doppeltes Reliefstäbchen vorne (doppeltes Relief-Stb vorne)

Für jede M die Häkelnd von vorne um den Hals der M der vorletzten Rd führen und ein DStb wie gewohnt häkeln. Die M der letzten Rd bleiben unbehäkelt und werden einfach übergangen!

Anleitung

Zuerst wird die Kapuze offen in R gestrickt, Anfang ist die vordere Kante. Dann werden für den Loop aus der unteren Kante M aufgefasst und das Bündchen in Rd angehäkelt.
Für die Kapuzenkante einen elastischen Anfang aus Lm und fM häkeln, den beschriebenen Vorgang so oft wdh, bis 65 M gebildet sind, diese R zählt als 1. R der Mütze. Alternativ kann auch eine Luftmaschenkette mit 65 Lm gehäkelt werden, 1 Wende-Lm dann 1 fM in jede Lm häkeln, dabei darauf achten, dass die Lm locker gearbeitet werden.
Anschließend im Kapuzenmuster in R wie angegeben 20 cm häkeln. Dann für das erste Kapuzenteil in der nächsten Hinr nur noch über die ersten 27 M im Kapuzenmuster weiterhäkeln, in 28 cm Höhe enden. Für das zweite Kapuzenteil in 20 cm Höhe im Abstand von 11 M zum ersten Kapuzenteil den Faden neu anschlingen und über die restlichen 27 M ebenfalls im Kapuzenmuster weiterhäkeln und in 28 cm Höhe enden (siehe Schnittzeichnung).
Die hintere Kapuzennaht schließen, dafür die hintere Mitte mit der hinteren Mitte verbinden. Die Kanten der Eckabnahmen so aufeinanderlegen, dass die hintere Mitte auf die Kapuzenmitte trifft, und zusammennähen.
Die untere Kapuzenkante soll einen Ring bilden, dazu die Blendenkanten ca. 4-5 cm breit übereinanderschieben und festheften, die linke Kapuzenhälfte soll über der rechten liegen.
Nun für den „Loop" aus dieser unteren Kante 48 fM heraushäkeln, der Rd Beginn liegt an der hinteren Mitte. Zur Rd schließen und 12 cm im Loopmuster in Rd wie angegeben häkeln, nach einer 3. Rd enden.

Fertigstellen

Den Faden abschneiden, durch die letzte M ziehen, alle Fäden vernähen. Entlang der vorderen Kapuzenkante von innen das Jerseyband als Tunnelzug für die Kordel aufnähen, die Kordel oberhalb des Loops durch die M auf die Vorderseite ziehen.

Criss Cross

in gedeckten Farben

Feste Maschen in Reihen

Es werden fM in R gehäkelt, dafür in Hin- und Rückr arb und jede R mit 1 Wende-Lm beginnen, die Wende-Lm wird nicht zu den Muster-M hinzugezählt. Für die Fb-Flächen mit mehreren Knäuel arb, beim Fb-Wechsel die letzten beiden Schlingen der fM vor dem Fb-Wechsel bereits mit der folgenden Fb abmaschen, damit ein sauberer Fb-Übergang entsteht.

Maschen verdoppeln

2 M in 1 Einstichstelle arb (siehe „So wird's gemacht").
Diese Zunahmen werden nur in den Fb-Flächen in Granit mouliné gearbeitet, nicht innerhalb der Fb-Flächen in Royal.

Anleitung

Die Mütze wird von oben nach unten gehäkelt. Dafür zunächst in Granit mouliné einen Anfangsring bilden (siehe „So wird's gemacht") und wie folgt weiterarb:

1. Rd (Granit mouliné): 1 Lm, 10 fM in den Ring häkeln, mit 1 Km zur Rd schließen.

Mit fM in R weiterarb (Tipp beachten!), dabei ab der 2. R für den senkrechten Streifen die mittleren 4 M in Royal häkeln, beidseitig davon alle M in Granit mouliné mit zwei Knäueln arb, damit keine Spannfäden entstehen.

2. R (= Rückr): 3 fM in Granit mouliné, 4 fM in Royal, 3 fM in Granit mouliné (= 10 fM).

3. R (= Hinr): Die ersten und letzten 3 M in Granit mouliné verdoppeln, dazwischen 4 fM in Royal (= 16 fM).

4. R (= Rückr): In Granit mouliné 2x jede 3. M verdoppeln, 4 fM in Royal, in Granit mouliné 2x jede 3. M verdoppeln (= 20 fM).

5. R (= Hinr): 8 fM in Granit mouliné, 4 fM in Royal, 8 fM in Granit mouliné (= 20 fM).

6. R (= Rückr): In Granit mouliné 4x jede 2. M verdoppeln, 4 fM in Royal, in Granit mouliné 4 x jede 2. M verdoppeln (= 28 fM).

7. R (= Hinr): In Granit mouliné 4x jede 3. M verdoppeln, 4 fM in Royal, in Granit mouliné 4x jede 3. M verdoppeln (= 36 fM).

8. R (= Rückr): 16 fM in Granit mouliné, 4 fM in Royal, 16 fM in Granit mouliné (= 36 fM).

9. R (= Hinr): In Granit mouliné 4x jede 4. M verdoppeln, 4 fM in Royal, in Granit mouliné 4x jede 4. M verdoppeln (= 44 fM).

10. R (= Rückr): 20 fM in Granit mouliné, 4 fM in Royal, 20 fM in Granit mouliné (= 44 fM).

11. R (= Hinr): In Granit mouliné 2x jede 7. M verdoppeln, 6 fM in Granit mouliné, 4 fM in Royal, in Granit mouliné 6 fM dann 2x jede 7. M verdoppeln (= 48 fM).

Nun ohne Zunahmen weiterarb:

12.-15. R: Über alle 48 M in Royal fM in R häkeln.

16.-25. R: Wieder in der Farbeinteilung in R arb, dafür 22 fM in Granit mouliné, 4 M in Royal, 22 M in Granit mouliné häkeln.

26. R (= Rückr): 48 fM in Royal häkeln.

Fertigstellen

Nach der letzten M den Faden abschneiden und durch die letzte M ziehen. Die hintere Mützennaht schließen und alle Fäden vernähen.

Mein Tipp für Sie

Ohne Naht Wenn Sie die Naht vermeiden möchten, also lieber in Runden arbeiten, schließen Sie jede angegebene Reihe wie bei Runden üblich mit 1 Kettmasche zur Runde, wenden dann jedoch die Mütze und häkeln die Folgereihe bzw. -runde wie beschrieben von innen. Diesen Vorgang für jede Runde wiederholen, also hin- und hergehende Runden häkeln!

GRÖSSE

Kopfumfang 56-60 cm
Mützenumfang 54 cm
Mützenhöhe 22 -23 cm

MATERIAL

* Schachenmayr original Boston (LL 55 m/50 g) in Granit mouliné (Fb 283), 100 g, und in Royal (Fb 151), 50 g
* Häkelnadel 8,0 mm

MASCHENPROBE

Mit Nd 8,0 mm
ca. 9 fM und 11-12 R
= 10 cm x 10 cm

Schwarz, weiß, stylisch

passt zu jedem Outfit

GRÖSSE
Kopfumfang 56-60 cm
Mützenumfang 50-51 cm
Mützenhöhe 26 cm

MATERIAL

* Schachenmayr original Merino Extrafine 120 (LL 120 m/50 g) in Schwarz (Fb 199), 100 g und in Weiß (Fb 101), je 50 g
* Häkelnadel 4,5-5,0 mm

MASCHENPROBE
Mit Nd 4,5-5,0 mm im 2-farbigen Relief-Rippenmuster 16 M und 14 Rd = 10 cm x 10 cm

Doppeltes Reliefstäbchen vorne (doppeltes Relief-Stb vorne)

Für jedes doppelte Relief-Stb vorne wie für ein DStb üblich zunächst 2 U bilden, von vorne um den Hals der M der vorletzten Rd einstechen und wie gewohnt 1 DStb häkeln (siehe auch „So wird's gemacht").

Maschen verdoppeln

2 M in 1 Einstichstelle der Vor-Rd arb (siehe „So wird's gemacht").

Zunahme

2 doppelte Relief-Stb vorne um dasselbe Stb der vorletzten Rd häkeln, dabei nach dem 1. doppelten Relief-Stb 1 Stb in die folgende fM der Vor-Rd arb.

2-farbiges Relief-Rippenmuster

Siehe 10.-13. Rd der Anleitung.

Farbwechsel

Für einen perfekten Fb-Übergang vor einem Fb-Wechsel die Km schon in der Fb der Folge-Rd arb.

Anleitung

Hinweis: Jede Rd mit fM mit 1 Lm beginnen. Diese Anfangs-Lm ersetzt nicht die 1. fM, sie wird zusätzlich gehäkelt! Jede Rd mit hStb mit 2 Lm und jede Rd mit Stb/DStb mit 3 Lm beginnen, diese Anfangs-Lm ersetzen die 1. M! Alle Rd mit 1 Km schließen.

Die Mütze wird von oben nach unten gehäkelt. Dafür in Schwarz einen Anfangsring bilden (siehe „So wird's gemacht") und wie folgt weiterarb:

1. Rd (Schwarz): 14 hStb in den Ring häkeln.

2. Rd (Schwarz): Jede M der Vor-Rd verdoppeln (= 28 hStb).

3. Rd (Schwarz): Ohne Zunahmen arb, 1 fM in jede M der Vor-Rd häken (= 28 fM).

4. Rd (Weiß): Alle M verdoppeln, deshalb mit den doppelten Relief-Stb vorne keine fM der Vor-Rd übergehen.
3 Lm, 1 doppeltes Relief-Stb vorne um die Ersatz-Lm der vorletzten Rd, * 1 Stb in die fM der Vor-Rd, 1 doppeltes Relief-Stb vorne um die entsprechende M der vorletzten Rd, ab * fortlaufend wdh (= 56 M).

5. Rd (Weiß): Wie die 3. Rd arb (= 56 fM).

6. Rd (Schwarz): Ohne Zunahmen arb. Das Muster wird versetzt. 3 Lm, * 1 doppeltes Relief-Stb vorne um das entsprechende Stb der vorletzten Rd, 1 fM der Vor-Rd übergehen, 1 Stb in die nächste fM häkeln, ab * fortlaufend wdh, enden mit 1 doppeltes Relief-Stb vorne um die Ersatz-Lm der vorletzten Rd (= 56 M).

7. Rd (Schwarz): Wie die 3. Rd arb (= 56 fM).

8. Rd (Weiß): Das Muster wird versetzt und jede 2. Relief-Rippe verdoppelt. 3 Lm, 1 doppeltes Relief-Stb vorne um die Ersatz-Lm der vorletzten Rd, 1 Stb in die folgende fM, * 1 Zunahme um das entsprechende Stb der vorletzten Rd, 1 Stb in die nächste fM häkeln, 1 doppeltes Relief-Stb vorne um das entsprechende Stb der vorletzten Rd, 1 fM der Vor-Rd übergehen, in die nächste fM 1 Stb häkeln, ab * fortlaufend wdh, enden mit 1 Zunahme (= 84 M).

9. Rd (Weiß): Wie die 3. Rd arb (= 84 fM).
Ohne Zunahmen im 2-farbigen Relief-Rippenmuster wie folgt weiterarb:

10. Rd (Schwarz): Das Muster versetzen, dafür wie folgt arb: 3 Lm, * 1 doppeltes Relief-Stb vorne um das entsprechende Stb der vorletzten Rd, 1 fM der Vor-Rd übergehen, 1 Stb in die nächste fM häkeln, ab * fortlaufend wdh, enden mit 1 doppelten Relief-Stb vorne um die Ersatz-Lm der vorletzten Rd (= 84 M).

11. Rd (Schwarz): Wie die 3. Rd arb (= 84 fM).

12. Rd (Weiß): Das Muster versetzen, 3 Lm, 1 doppeltes Relief-Stb vorne um die Ersatz-Lm der vorletzten Rd, 1 Stb in die folgende fM (keine M übergehen, für den Versatz am Rd-Beginn), * 1 doppeltes Relief-Stb vorne um das entsprechende Stb der vorletzten Rd, 1 fM der Vor-Rd übergehen, 1 Stb in die nächste fM häkeln, ab * fortlaufend wdh, enden mit 1 doppelten Relief-Stb vorne um das entsprechende Stb der vorletzten Rd (= 84 M).

13. Rd (Weiß): Wie die 3. Rd arb (= 84 fM).
Für die 14.-35. Rd die 10.-13. Rd 5x und anschließend die 10. und 11. Rd noch 1x wdh.
Dann für das Mützenbündchen in Schwarz 3 Rd fM häkeln, dabei immer nur in das hintere M-Glied der M der Vor-Rd einstechen.

Fertigstellen

Faden abschneiden, durch die letzte M ziehen, alle Fäden vernähen.

Ocean blue

Strukturmuster in Meeresfarben

GRÖSSE
Kopfumfang 56-60 cm
Mützenumfang 54 cm
Mützenhöhe 28 cm

MATERIAL

* Schachenmayr original Boston (LL 55 m/50 g) in Graphit (Fb 197), Aqua (Fb 164) und Camouflage Spot Color (Fb 86), je 50 g
* Häkelnadel 8,0 mm

MASCHENPROBE
Mit Nd 8,0 mm im Strukturmuster
8-9 M und 6 Rd
= 10 cm x 10 cm

Maschen verdoppeln

2 M in 1 Einstichstelle arb (siehe „So wird's gemacht").

Relief-Stäbchen hinten

(Relief-Stb hinten)
Siehe „So wird's gemacht".

Relief-Stäbchen vorne

(Relief-Stb vorne)
Siehe „So wird's gemacht".

Strukturmuster

Siehe 6. und 7. Rd der Anleitung.

Farbwechsel

In jeder Rd die Fb wechseln.
Fb-Folge: * je 1 Rd Camouflage Spot Color, 1 Rd Aqua, 1 Rd Graphit, ab * fortlaufend wdh.

Hinweis: Vor dem Fb-Wechsel die Km schon in der Fb der Folge-Rd arb, damit ein perfekter Fb-Übergang entsteht.

Anleitung

Hinweis: Jede Rd mit 2 Anfangs-Lm beginnen, diese ersetzen das 1. hStb bzw. 1 Relief-Stb in den Bündchen-Rd. Jede Rd mit 1 Km schließen.

Die Mütze wird von oben nach unten gehäkelt. Dafür in Camouflage Spot Color einen Anfangsring bilden (siehe „So wird's gemacht"), dann wie folgt weiterarb:
1. Rd (Camouflage Spot Color): 8 hStb in den Ring häkeln.
2. Rd (Aqua): Jede M der Vor-Rd verdoppeln (= 16 hStb).
3. Rd (Graphit): Jede 2. M der Vor-Rd verdoppeln (= 24 hStb).
4. Rd (Camouflage Spot Color): Ohne Zunahmen hStb häkeln (= 24 hStb).
5. Rd (Aqua): Jede M der Vor-Rd verdoppeln, * 1 hStb, dann um den Hals der gleichen M der Vor-Rd 1 Relief-Stb vorne häkeln, ab * fortlaufend wdh (= 48 M).
Nun ohne weitere Zunahmen im Strukturmuster wie folgt weiterarb:
6. Rd (Graphit): * 1 hStb, 1 Relief-Stb hinten, ab * fortlaufend wdh.
7. Rd (Camouflage Spot Color): * 1 hStb, 1 Relief-Stb vorne, ab * fortlaufend wdh.
Für die 8.-14. Rd die 6. und 7. Rd fortlaufend wdh, die Fb-Folge wie gewohnt fortsetzen.
Nach der 14. Rd für das Bündchen in Graphit wie folgt weiterarb:
15. Rd (Graphit): 1 hStb in jede M der Vor-Rd häkeln (= 48 hStb).
16. Rd (Graphit): Im Wechsel 1 Relief-Stb hinten, 1 Relief-Stb vorne um die M der Vor-Rd häkeln.
17. Rd (Graphit): 1 hStb in jede M der Vor-Rd häkeln.
18. Rd (Graphit): Im Wechsel 1 Relief-Stb hinten, 1 Relief-Stb vorne um die M der 16. Rd häkeln.
19. Rd (Graphit): Die Mütze wenden und 1 Rd 1 fM in jede M der Vor-Rd häkeln.

Hinweis: Besonders schön wird die Abschluss-Rd, wenn diese mit einer kleineren Nd-Stärke gearbeitet wird!

Fertigstellen

Den Faden abschneiden und durch die letzte M ziehen. Alle Fäden vernähen.

GRÖSSE
Kopfumfang 56-59 cm
Mützenumfang 54 cm
Mützenhöhe 27 cm

MATERIAL

* Schachenmayr original Boston (LL 55 m/50 g) in Mocca meliert (Fb 12), 100 g, und Mosaikblau (Fb 65), 50 g
* Häkelnadel 8,0 mm

MASCHENPROBE
Mit Nd 8,0 mm
im Tweedmuster
10-11 M und 11 Rd
= 10 cm x 10 cm

Geht immer

superleichtes Tweedmuster

Tweedmuster

In Rd je 1 fM und 1 Lm im Wechsel häkeln. Dabei das Muster in jeder Rd versetzen, d. h. die fM dabei um die Lm der Vor-Rd häkeln, die fM der Vor-Rd mit jeweils 1 Lm übergehen. In der 2., 5., 7. und 10. Rd wie beschrieben M zunehmen, dabei das Muster entsprechend erweitern. Fb-Wechsel siehe Anleitung.

Farbfolge

Für die 11.-28. Rd:
* Je 1 Rd Mocca meliert, Mosaikblau, Mocca meliert, ab * fortlaufend wdh.

Anleitung

Hinweis: Wenn nicht anders angegeben jede Rd mit 1 Lm beginnen und mit 1 Km schließen. Die Anfangs-Lm wird dabei nicht zum Tweedmuster gezählt! Vor dem Fb-Wechsel die Km schon in der Fb der Folge-Rd arb, damit ein perfekter Fb-Übergang entsteht.

Die Mütze wird von oben nach unten gehäkelt. Dafür in Mocca meliert einen Anfangsring bilden (siehe „So wird's gemacht") und wie folgt weiterarb:

1. Rd (Mocca meliert): 6x [1 Lm, 1 fM im Wechsel] in den Ring häkeln (= 12 M).

2. Rd (Mocca meliert): [1 fM, 1 Lm, 1 fM] in jeden Lm-Zwischenraum der Vor-Rd häkeln, mit 1 Lm die fM der Vor-Rd übergehen (= 24 M = 12 fM und 12 Lm).

3. Rd (Mosaikblau): Ohne Zunahmen im Tweedmuster arb, jede fM der Vor-Rd mit 1 Lm übergehen, um jede Lm der Vor-Rd 1 fM häkeln

4. Rd (Mocca meliert): Wie die 3. Rd arb, das Tweedmuster dabei versetzen!

5. Rd (Mocca meliert): * Mit 1 Lm die fM der Vor-Rd übergehen, 1 fM in den folgenden Lm-Zwischenraum der Vor-Rd, mit 1 Lm die fM der Vor-Rd übergehen, [1 fM, 1 Lm, 1 fM] in den nächsten Lm-Zwischenraum der Vor-Rd häkeln, ab * fortlaufend wdh (= 36 M =18 fM und 18 Lm).

6. Rd (Mosaikblau): Wie die 3. Rd arb.

7. Rd (Mocca meliert): * 3x [mit 1 Lm die fM der Vor-Rd übergehen, 1 fM in den folgenden Lm-Zwischenraum der Vor-Rd], mit 1 Lm die fM der Vor-Rd übergehen, [1 fM, 1 Lm, 1 fM] in den nächsten Lm- Zwischenraum der Vor-Rd häkeln, 4x [mit 1 Lm die fM der Vor-Rd übergehen, 1 fM in den folgenden Lm-Zwischenraum der Vor-Rd], mit 1 Lm die fM der Vor-Rd übergehen, [1 fM, 1 Lm, 1 fM] in den nächsten Lm-Zwischenraum der Vor-Rd häkeln, ab * 1x wdh (= 44 M = 22 fM und 22 Lm).

8. Rd (Mocca meliert): Wie die 3. Rd arb.

9. Rd (Mosaikblau): Wie die 3. Rd arb.

10. Rd (Mocca meliert): * 3x [mit 1 Lm die fM der Vor-Rd übergehen, 1 fM in den folgenden Lm-Zwischenraum der Vor-Rd], mit 1 Lm die fM der Vor-Rd übergehen, [1 fM, 1 Lm, 1 fM] in den nächsten Lm-Zwischenraum der Vor-Rd häkeln, 2x [mit 1 Lm die fM der Vor-Rd übergehen, 1 fM in den folgenden Lm-Zwischenraum der Vor-Rd], mit 1 Lm die fM der Vor-Rd übergehen, [1 fM, 1 Lm, 1 fM] in den nächsten Lm-Zwischenraum der Vor-Rd häkeln, ab * fortlaufend wdh, enden mit: die fM der Vor-Rd mit 1 Lm übergehen, 1 fM in den folgenden Lm-Zwischenraum der Vor-Rd (= 56 M = 28 fM und 28 Lm).

Die 11.-28. Rd in der angegebenen Fb-Folge ohne Zunahmen arb, dabei das Muster wie beschrieben in jeder Rd versetzen.

29. Rd (Mocca meliert): 1 fM in jede fM und Lm der Vor-Rd häkeln (= 56 fM).

30. Rd (Mocca meliert): 1 fM in jede M der Vor-Rd.

31. Rd (Mosaikblau): Die Mütze wenden und 1 Rd 1 fM in jede M der Vor-Rd häkeln.

Hinweis: Besonders schön wird die Abschluss-Rd, wenn diese mit einer kleineren Nd-Stärke gearbeitet wird!

Faden abschneiden, durch die letzte M ziehen, alle Fäden vernähen.

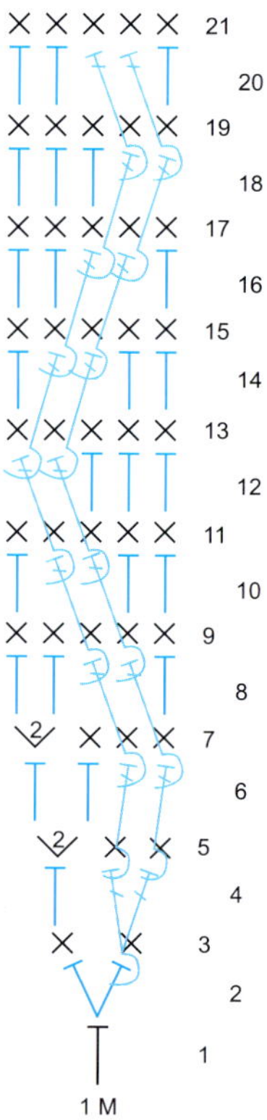

Pure White

SEITE 12

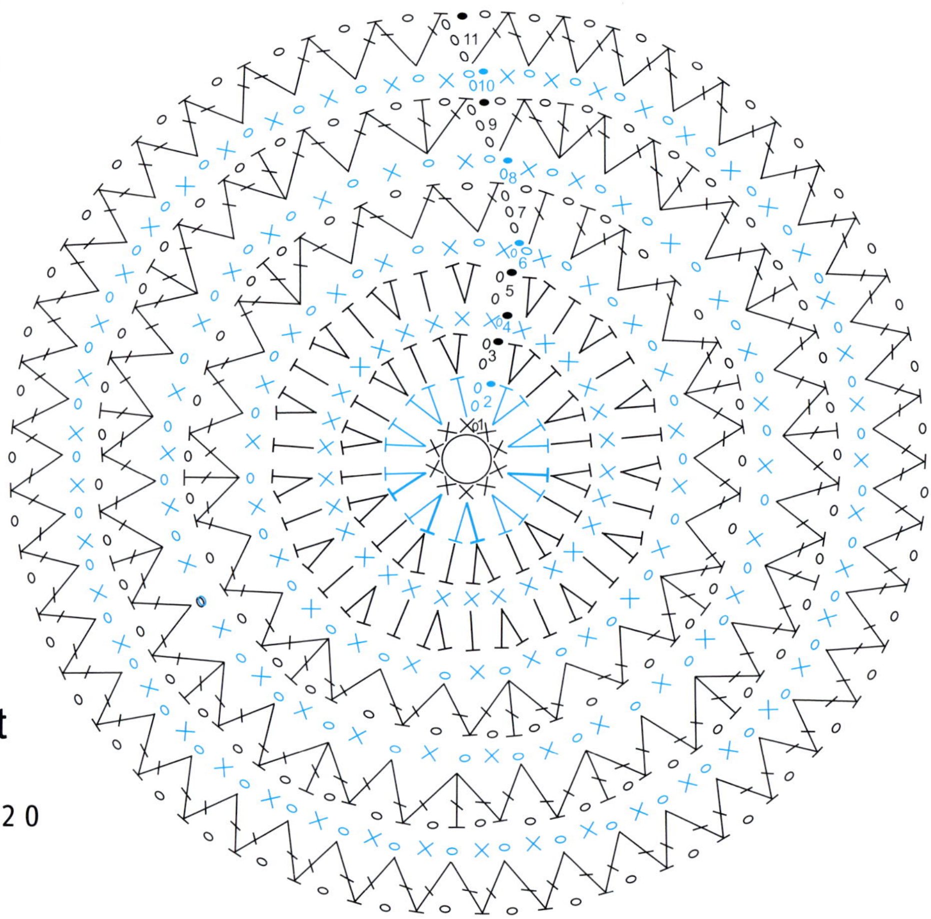

Perfect Mix

SEITE 20

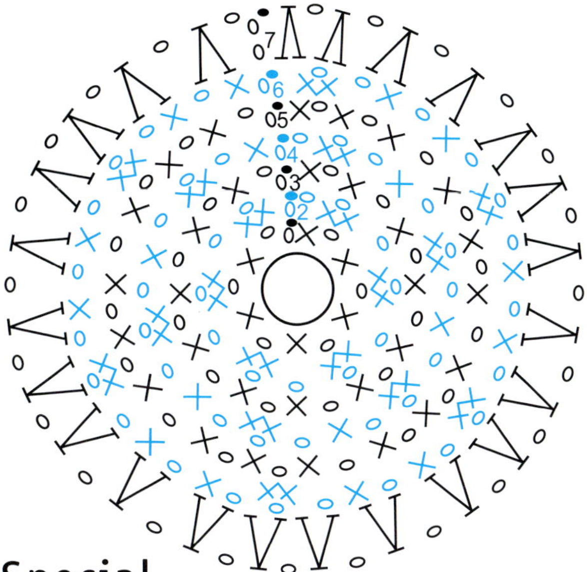

Special Effects
SEITE 14

Der Allrounder
SEITE 22

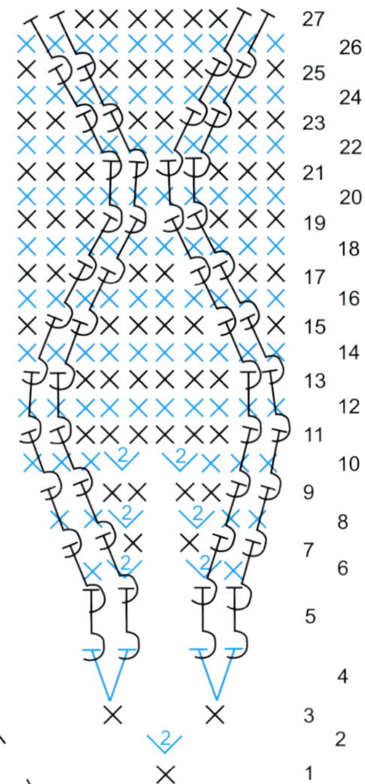

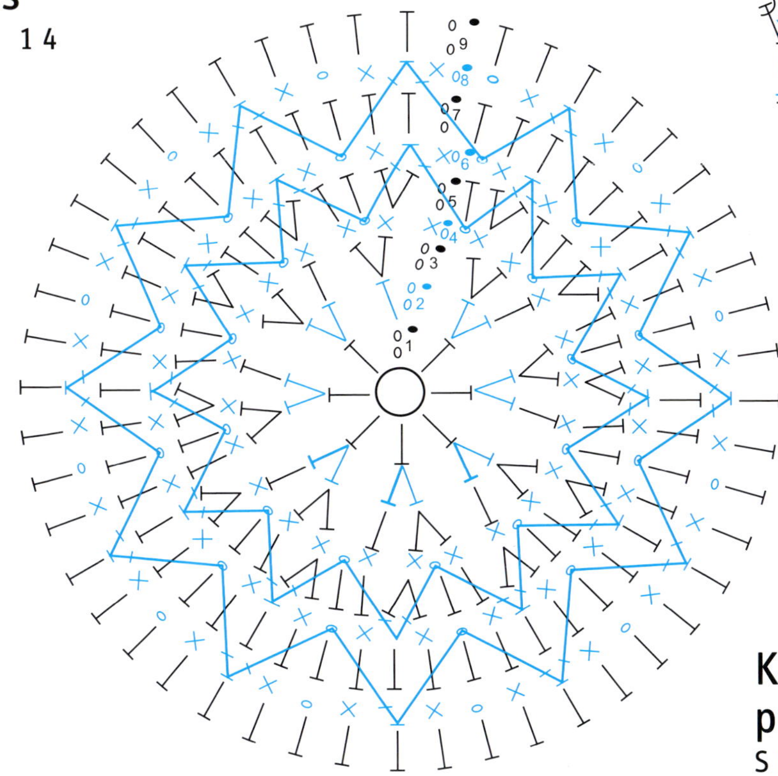

Keep it purple
SEITE 24

Tanja Steinbach, geboren 1970, hat nach einer Schneiderlehre Textildesign studiert. Dabei hat sie sich besonders auf Gestaltung und Entwurf von Strickmode spezialisiert. Redaktionelle Erfahrung sammelte sie bei verschiedenen Magazinen und auch im TV. Seit 1996 ist sie Designerin bei der Firma Schachenmayr und entwirft und entwickelt dort Modelle für die aktuellen Kollektionen und Qualitäten. Mit ihrer Familie lebt sie in der Nähe von Frankfurt.

DANKE!

Wir danken der Firma Coats für die Unterstützung bei diesem Buch:
Coats GmbH Kenzingen
www.schachenmayr.com
www.coatsgmbh.de

Ein besonderer Dank für die Unterstützung und Anfertigung der Modelle an Stefanie Biendel und Anne Thiemeyer.

TOPP – Unsere Servicegarantie

WIR SIND FÜR SIE DA! Bei Fragen zu unserem umfangreichen Programm oder Anregungen freuen wir uns über Ihren Anruf oder Ihre Post. Loben Sie uns, aber scheuen Sie sich auch nicht, Ihre Kritik mitzuteilen – sie hilft uns, ständig besser zu werden.

Bei Fragen zu einzelnen Materialien oder Techniken wenden Sie sich bitte an unseren Kreativservice, Frau Erika Noll.
mail@kreativ-service.info
Telefon 0 50 52 / 91 18 58

Das Produktmanagement erreichen Sie unter:
pm@frechverlag.de
oder:
frechverlag
Produktmanagement
Turbinenstraße 7
70499 Stuttgart
Telefon 07 11 / 8 30 86 68

LERNEN SIE UNS BESSER KENNEN! Fragen Sie Ihren Hobbyfach- oder Buchhändler nach unserem kostenlosen Magazin **Meine kreative Welt**. Darin entdecken Sie dreimal im Jahr die neuesten Kreativtrends und interessantesten Buchneuheiten.

Oder besuchen Sie uns im Internet! Unter **www.topp-kreativ.de** können Sie sich über unser umfangreiches Buchprogramm informieren, unsere Autoren kennenlernen sowie aktuelle Highlights und neue Kreativtechniken entdecken, kurz – die ganze Welt der Kreativität.

Kreativ immer up to date sind Sie mit unserem monatlichen **Newsletter** mit den aktuellsten News aus dem frechverlag, Gratis-Anleitungen und attraktiven Gewinnspielen.

IMPRESSUM

FOTOS: frechverlag GmbH, 70499 Stuttgart; lichtpunkt, Michael Ruder, Stuttgart
PRODUKTMANAGEMENT: Anna Zwicklbauer
LEKTORAT: Regina Sidabras, Berlin
GESTALTUNG: Petra Theilfarth
DRUCK: GPS Group GmbH, Österreich

1. Auflage 2014

ISBN 978-3-7724-6944-2 • Best.-Nr. 6944